Ernst Günther Weber

Ausflug in den Bürgerkrieg

und andere Erlebnisse

Autobiografische Berichte

Bibliografische Information der Deutschen Nationalbibliothek: Die Deutsche Nationalbibliothek verzeichnet diese Publikation in der Deutschen Nationalbibliografie: detaillierte bibliografische Daten sind im Internet über dnb.dnb.de abrufbar

Impressum: © 2023 Ernst Günther Weber
olkweberhb@yahoo.de
Fotos: Ernst Günther Weber
Herstellung und Verlag: BoD – Books on Demand, Norderstedt

ISBN 9783757823719

für Ursel

Inhaltsverzeichnis

Vorwort

In meinem langen Leben habe ich viel erlebt, Höhen und Tiefen, Alltägliches und Spannendes. Nicht alles ist so interessant, dass es auch einen unbeteiligten Leser fesseln könnte. Ich habe daher sechs Episoden ausgewählt.

Der Bericht „Ausflug in den Bürgerkrieg" ist der Kern dieses Buches. Ich habe ihn schon vor rund vierzig Jahren geschrieben. Der Ausflug war nötig geworden, weil ich infolge des Bürgerkriegs im Libanon seit mehreren Monaten keine Nachricht von meiner damals dreizehnjährigen Tochter und ihrer Mutter, meiner von mir geschiedenen Frau, erhalten hatte, die in einem Ort in der Nähe von Beirut lebten.

Die fünf anderen Berichte ranken sich darum herum. In zeitlicher Reihenfolge macht „Tante Hannis Geburtstag" den Anfang. Es geht darin um die Flucht, die meine Mutter mit mir als neunjährigem Knaben drei Monate nach dem Ende des Zweiten Weltkrieges aus der damaligen sowjetischen Besatzungszone über die Zonengrenze nach Westdeutschland unternommen hat.

Die anderen Erlebnisse, von denen ich hier berichte, sind aus späteren Lebensjahren, teils aus meinem Leben im Orient, bis zu solchen in hohem Alter.

Tante Hannis Geburtstag

Während des Zweiten Weltkriegs wurden Mütter mit ihren Kindern aus den Großstädten evakuiert und in Dörfer oder kleinere Orte geschickt, um der Gefahr zu entgehen, bei Bombenangriffen verletzt oder getötet zu werden.

So kam ich mit meiner Mutter im Winter 1942/43 nach Zwönitz, einem kleinen Ort im Erzgebirge, etwa 25 km Luftlinie südlich von Chemnitz. Dort lebten wir, von Kriegsereignissen weitgehend verschont, bis zum Ende des Krieges und noch drei Monate darüber hinaus.

Nur im Winter und Frühjahr 1945 litten wir Hunger. In Zwönitz gab es eine Zuckerfabrik. Dort wurden auf LKWs getrocknete Zuckerrübenschnitzel in Papiersäcken angeliefert. Die Kinder und Jugendlichen des Ortes liefen hinter diesen LKWs her, um aus beschädigten Papiersäcken herausfallende Zückerrübenschnitzel aufzusammeln. Auch ich war dabei, kaute einige der trockenen Stücke, um den schlimmsten Hunger zu dämpfen und brachte noch etwas mit nach Hause, wovon meine Mutter Sirup kochte.

In den Nächten vom 13. bis 15. Februar sahen wir den Himmel rot vom Feuer über Dresden (Entfernung ca. 85 km Luftlinie) und am Tage schwarz vom Rauch nach den Bombenangriffen der Briten und Amerikaner, die 20 bis 25.000 Todesopfer forderten. Diese Katastrophe berührte uns besonders, da meine Mutter mit ihrem Mann, von dem sie inzwischen geschieden war, einige Jahre dort gelebt hatte und ich dort geboren wurde.

Am 8. Mai war der Krieg zu Ende. Die westlichen Landesteile von Sachsen waren schon in der zweiten Aprilhälfte von amerikanischen Truppen besetzt worden. Aber nach einer Vereinbarung unter den Alliierten fielen ganz Sachsen und Thüringen an die Sowjetarmee als Besatzungsmacht.

Meine Mutter versuchte schon bald nach Kriegsende, eine Möglichkeit zu finden, mit mir nach Bremen zu ihren Eltern zu kommen. Da ihre Freundin, Hanni Frese – für mich Tante Hanni - , auch aus Bremen, mit ihrem Sohn Hans-Hermann ebenfalls noch in der Nähe lebte, verabredeten die beiden Frauen, die Reise nach Bremen gemeinsam zu machen. Hans-Hermann war acht Jahre alt, etwas mehr als ein Jahr jünger als ich.

Anfang August begann die Fahrt mit der Eisenbahn mit mehrfachem Umsteigen nach Mühlhausen in Thüringen. Es ist mir bis heute ein Rätsel, wie die Frauen es in diesem Chaos der ersten Monate nach Kriegsende geschafft haben, diese Fahrt zu organisieren und durchzuführen, und wie sie in Erfahrung bringen konnten, an welcher Stelle es am günstigsten ist, die Flucht über die Zonengrenze zu wagen.

Mühlhausen war noch ca. 16 bis 18 km von der Grenze zur amerikanischen Zone entfernt. Ich weiß nicht, wie wir in Grenznähe gekommen sind. Jedenfalls waren wir am Abend des 7. August an einem Wald angekommen, durch den sich die Zonengrenze zog. Mit einer Gruppe anderer Menschen, die wie wir auch in den Westen wollten, und einem ortskundigen Führer, der wusste, wie und wo man am besten einer Grenzpatrouille aus dem Weg geht, gingen wir nach Mitternacht durch diesen Wald in Richtung Westen. Natürlich wurde uns Kindern besonders eingeschärft, mucksmäuschenstill zu sein, damit wir keine Aufmerksamkeit erregen. Die Atmosphäre dieser Nachtwanderung war aber so, dass wir diese Notwendigkeit sowieso spürten und uns entsprechend verhielten. Es war ja ein besonderes Abenteuer für uns.

Am frühen Morgen des 8. August traten wir aus dem Wald auf der westlichen Seite der Zonengrenze. Vor uns, im Tal der Werra, konnten wir in der Ferne schon den Ort Wanfried sehen. Wir waren jetzt in der amerikanischen Besatzungszone.

Nach dem langen nächtlichen Marsch ließen wir uns erst einmal zur Rast am Waldrand nieder, und Tante Hanni zog, zur großen Überraschung für uns anderen, aus einer Einkaufstasche einen Topfkuchen und meinte, jetzt müssten wir erst einmal ihren heutigen Geburtstag und natürlich die geglückte Flucht aus der Sowjetzone feiern.

Ich weiß nicht mehr, wie sie den Kuchen heil bis hierher gebracht hat, ob in Papier eingewickelt oder in einer Kuchenform. Auch ein Messer hatte sie dabei und schnitt für jeden ein Stück vom Kuchen ab. Es blieb auch nicht bei dem einen Stück. So feierten wir in bester Stimmung Tante Hannis Geburtstag. Da es ihr Geburtstag war, ist mir über all die Jahrzehnte – 78 Jahre ist es jetzt her – das Datum in Erinnerung geblieben.

Natürlich weiß ich in der Erleichterung, nach der vorausgegangenen Anspannung, nicht mehr, welche Vögel ihr ein Geburtstagsständchen gebracht haben. Ich weiß auch nicht mehr, welche Wildtiere, Rehe oder Hasen, wir aufgescheucht haben. Wie soll ein Neunjähriger in ein solchen Situation auf so etwas achten.

Nach dieser ganz besonderen Feier, einer der - bei aller Einfachheit - erinnerungswürdigsten Geburtstgsfeiern meines Lebens, gingen wir die letzten paar Kilometer frohen Mutes hinunter nach Wanfried.

Dort kamen wir in ein Auffanglager, in dem wie erst einmal ein, zwei oder drei Tage – genau weiß ich es nicht mehr - bleiben und uns registrieren lassen mussten. Es war das Keudellsche Schloss, in dem das Rote Kreuz die hier nach der Flucht über die Grenze zahlreichen vorübergehend Gestrandeten aufnahm und betreute. Wir mussten hinter dem Hauptgebäude über den Hof ujnd übernachteten in einem garagenähnlichen Raum in einem Flachbau. Das ganze Anwesen war überfüllt mit Menschen, die wie wir hier über die Grenze gekommen waren.

Nachträglich habe ich erfahren, dass es eine Frau Margrete Wetzenstein, genannt Muttchen, war, die die Menschen hier vorbildlich betreute und für ihre Verpflegung sorgte. Dafür war im Pferdestall eine Großküche eingerichtet worden.

Die Reise nach Bremen machten wir in einer hoffnungslos überfüllten Bahn in der Holzklasse. An Einzelheiten über die Dauer der Fahrt und wie oft und wo wir umsteigen mussten kann ich mich nicht mehr erinnern.

In Bremen zogen meine Mutter und ich zu meinen Großeltern, Ernst und Lili Könenkamp, bei denen wir Liebe und Geborgenheit genossen.

Ihre Wohnung am Buntentorsteinweg war nicht durch Bomben zerstört, aber doch so beschädigt worden, dass alles Glas in den Fenstern durch die Druckwellen der Bomben geborsten war. Die Fenster waren notdürftig mit einer lichtdurchlässigen, aber undurchsichtigen, mit Draht durchzogenenen Folie versehen worden. Das war bei unserer Ankunft im August zwar nicht dramatisch, aber der folgende Winter 1946/47 war äußerst hart, und in der Wohnung war es kaum wärmer als draußen. Kohlen zum Heizen gab es kaum. Wir mussten uns auch in der Wohnung warm anziehen und im Bett noch jeder eine Wärmflasche haben.

Mit Hans-Hermann ergab sich zwar keine enge Freundschaft. Dafür wohnten wir zu weit auseinander, und ich hatte bald gute Freunde in unmittelbarer Nachbarschaft. Der Kontakt blieb aber. Wir besuchten uns zu den Geburtstagen, trafen uns auch manchmal, wenn unsere Mütter sich miteinander verabredet hatten, und gelegentlich dazwischen.

So wendete sich, trotz der äußerlich schweren Zeit, erst einmal alles zum Guten, und Tante Hannis Geburtstag ist mir bis heute unvergessen geblieben.

Tante Hanni mit Hans-Hermann (links), meine Mutter mit mir (rechts) und dazwischen meine Großmutter, Lili Könenkamp
(Das Foto wurde ein oder zwei Jahre später aufgenommen)

Meine Großmutter versuchte, mich, so gut es in dieser Zeit des Mangels ging, zu verwöhnen, und dass mein Großvater für mich in diesen für mich prägenden Jahren die Vaterrolle einnahm, war ein großer Segen und das Glück meines Lebens. Erst vor wenigen Jahren hörte ich von einer Cousine die schönste Würdigung meines Großvaters, als sie sagte, sie habe mich damals um meinen Opa beneidet.

Ein nicht ganz unwichtig er Aspekt dieser Geschichte, der uns glücklicherweise nicht direkt betraf, ist der, dass die Sowjetarmee in der ersten Septemberhälfte 1945 Wanfried besetzte. Die Sowjets wollten – aus ihrer Sicht verständlich – die Zonengrenze ans Ufer der am westlichen Ortsrand von Wanfried fließenden Werra verlegen, um die Grenze besser kontrollieren zu können. Sie zogen sich dann aber nach Abschluss des „Wanfrieder Abkommens" zwischen dem 17. und 19. September wieder an die thürinigisch-hessische Landesgrenze zwischen dem hessischen Wanfried und dem thüringischen Mühlhausen zurück.

Dieser Rückzug ist ein Nebeneffekt des Wanfrieder Abkommens vom 17. September 1945, das einen Gebietsaustausch zwischen der amerikanischen und der sowjetischen Besatzungsmacht vorsah. Für die Amerikaner war der Hauptzweck, die für sie wichtige Bahnstrecke Bebra – Göttingen vollständig unter ihre Kontrolle zu bekommen, die vorher auf einem kurzen Streckenabschnitt bei Werleshausen durch die sowjetische Besatzungszone verlief. Nach Abschluss des Vertrages tauschten die Amerikaner und die Sowjetrussen nicht nur einige Gebiete, sondern auch eine Flasche Whisky gegen eine Flasche Wodka, wonach die Bahnlinie scherzhaft „Whisky-Wodka-Linie" genannt wurde.

Nachbetrachtung zu „Tante Hannis Geburtstag"

Hans-Hermann und ich verloren uns 1952 durch äußere Umstände aus den Augen. 1950 und 1951 starben im Abstand von einem Jahr meine Großeltern und ein Jahr später starb meine Mutter. Dadurch kam ich als Sechzehnjähriger zu meinem Vater und seiner zweiten Frau.

1956 wurde ich von meiner Lehrfirma nach bestandener Lehrabschlussprüfung in den Irak zur Firmenniederlassung in Baghdad entsandt, wo ich bis 1971 lebte.

Im Jahre 1967 überraschte Hans-Hermann mich mit einem Besuch dort im Laufe einer Orientreise. Danach verloren wir erneut den Kontakt zueinander.

An einem Tag im Dezember 2019 erinnerte ich mich, dass es Hans-Hermanns Geburtstag ist, und ich kam auf die Idee seinen Namen zu googeln. Tatsächlich fand ich ihn auf der Website einer NGO, einer Nichtregierungsorganisation mit einem vier oder fünf Jahre alten Gruppenfoto, das den alten mit dem neugewählten Vorstand zeigte. Ich erkannte ihn sogar auf dem Foto.

Ich sandte eine Mail an die betreffende Organisation und bat, diese Mail an Hans-Hermann weiterzuleiten. Eine Zeitlang kam darauf keine Reaktion, und ich vergaß die Sache. Ein Vierteljahr später, im März 2020, überraschte Hans-Hermann mich mit einem Anruf, und wir sprachen lange miteinander über die Vergangenheit und über unsere jetzige Situation, und ich sprach auch über unsere gemeinsame Flucht aus der Sowjetzone mit unseren Müttern. Hans-Hermann konnte sich daran nicht mehr erinnern. Mich brachte es auf die Idee, den Bericht „Tante Hannis Geburtstag" zu schreiben.

Osterausflug

Ich war ein gutes halbes Jahr in Baghdad, wohnte in Untermiete bei Klaus Gerntrup, einem Kollegen, und seiner Frau Ingrid.

Ostern 1957 beschlossen wir, das Ehepaar Gerntrup und ich, an den Euphrat in der Nähe von Hit zu fahren, um dort die großen Wasserräder zu besichtigen, mittels derer dort die Felder mit dem Flusswasser bewässert werden. Am Morgen des Ostersonntags fuhren wir los in Richtung Westen. Zuerst folgten wir der nach Jordanien führenden Straße über Falludscha bis nach Ramadi. Von dort ging es nur auf einer ausgefahrenen Piste durch eine Geröllwüste parallel zum Euphrat weiter nach Hit, wo wir erst am späten Nachmittag ankamen.

Die Zufahrtstraße nach Hit

Der Himmel hatte sich nach und nach bezogen, und in Hit fielen bei den letzten Sonnenstrahlen die ersten schweren Regentropfen, sodass wir uns nicht lange mit einer Besichtigung der Stadt aufhielten, sondern es vorzogen, uns schnellstens auf den Rückweg zu machen, denn die Wolken wurden immer dunkler und bedrohlicher und der Regen prasselte immer schwerer.

kurz zuvor war hier noch kein Wasser

Bald schafften die Scheibenwischer auch in der schnellsten Gangart es kaum noch, einen Blick auf den Weg frei zu halten. Die anfänglich sich schnell bildenden Pfützen verbanden sich zu kleinen Teichen, und durch das von den seitlichen Geröllhügeln herabfließende Wasser drohte die Piste, sich in einen kleinen Fluss zu verwandeln.

Um dem zu entgehen, entschloss Klaus Gerntrup sich, die Piste zu verlassen und auf die daneben gelegenen, ein paar Meter höheren Anhöhen der Geröllwüste zu fahren. So entgingen wir zwar dem tiefer werdenden Wasser, aber schon bald drehten sich die Räder in einem losen Gemisch von völlig durchnässtem Sand und Geröll. Um nicht unsere ganze Kleidung nass werden zu lassen, entkleideten wir Männer uns bis auf die Unterwäsche, stiegen aus dem Wagen aus und versuchten, durch das Unterlegen von ein paar Steinen und durch Schieben, das Auto wieder flott zu bekommen. Diese Versuche stellten sich aber sehr schnell als vergeblich heraus. Wir gaben sie auf und zogen uns ins Fahrzeuginnere zurück.

Inzwischen war es dunkel geworden, und es blieb uns nichts anderes übrig, als im Wagen zu übernachten und das Ende des Regens und den nächsten Morgen abzuwarten. Um das Erkältungsrisiko nicht noch zu erhöhen, entledigten wir uns unserer nassen Unterkleidung und zogen uns unsere trocken gebliebenen Hosen und Hemden an. Glücklicherweise wurde die Nacht nicht sehr kalt, aber kühl genug, uns besonders gegen Morgen ganz schön zittern zu lassen.

Der Regen hatte irgendwann in der Nacht aufgehört. In der ersten Morgendämmerung versuchten wir durch Ein- und Ausschalten der Scheinwerfer Lichtsignale zu geben, um auf unsere Notsituation aufmerksam zu machen. Wir konnten ja nicht weit von Hit und den am Euphrat liegenden Dörfern entfernt sein. Tatsächlich näherte sich uns bald im ersten dämmrigen Morgenlicht eine Gruppe von Männern. Sie hatten Fladenbrot mitgebracht, dass wir dankbar annahmen. Gemeinsam mit ihnen begutachteten wir nun unsere Lage. Klaus Gerntrup , als der Extrovertiertere von uns, unterhielt sich mit seinen paar Brocken Arabisch und mit Hilfe von Gesten und Zeichen mit den Helfern. Wir hatten am Vorabend tatsächlich mit unseren Befreiungsversuchen ein paar Meter geschafft, aber nur mit dem Ergebnis, dass der Wagen um so tiefer eingesunken war.

Die Männer beratschlagten, was zu tun sei, und bald entfernten sich einige von ihnen, um nach einiger Zeit mit Schaufeln und ein paar Palmzweigstrünken wiederzukommen.

Vor den Rädern wurde rasch etwas Platz freigeschaufelt, in den die Palmzweige gelegt wurden, und so wurde der Wagen durch seine Motorkraft und kräftiges Schieben der Männer, bei dem ich natürlich auch mithalf, wieder flott gemacht. Die Männer lachten und stießen Freudenrufe aus, als es geschafft war, und auch uns war wieder zum Lachen zumute.

Geld als Belohnung für ihre Mühe und großzügige Hilfe lehnten sie entrüstet ab, und wir fuhren im Schritttempo, begleitet von der ganzen Gruppe, neben der Piste nach Hit. Inzwischen war die Sonne aufgegangen, und ein heiterer Tag mit fast wolkenlosem Himmel kündigte sich an, als ob nichts gewesen wäre.

Die Piste war allerdings zum größten Teil mit Wasser bedeckt. Am Ortsausgang von Hit hatten sich einige Taxis gesammelt, die sich im Konvoi nach Ramadi auf den Weg machen wollten, und uns wurde empfohlen, uns dieser Gruppe anzuschließen. Da wir den bedenklichen Zustand der Piste sahen, gingen wir natürlich auf diesen Vorschlag ein und verzichteten auf eine

Besichtigung der Stadt, und auch die Wasserräder bekamen wir nicht mehr zu sehen.

Die Fahrer der anderen Wagen waren uns eine große Hilfe und boten uns die Sicherheit, ohne böse Überraschungen und Zwischenfälle wieder die feste Straße bei Ramadi zu erreichen.

Wir reihten uns mit unserem Wagen als Vorletzte ein. Hinter uns, sozusagen als Nachhut, fuhr nur noch ein Chevrolet, gefahren von Ahmed, einem pechschwarzen Taxichauffeur in khakifarbenen Hosen und Hemd, mit der obligaten Agal und Keffiyeh auf dem Kopf, mit zwei in schwarze Abas gehüllten Frauen und einem kleinen Kind auf den Rücksitzen und einem

Jungen auf dem Beifahrersitz. Der Dachgepäckträger seines Wagens war voll bepackt mit Koffern und Kartons.

Gefahren wurde kaum schneller als Schritttempo, denn alle paar Meter bedeckte ein See die Piste. Vor jeder dieser Wasseransammlungen wurde angehalten, und einer der Fahrer watete barfuß, mit bis über die Knie hochgezogenen Hosen durch das Wasser, um sicherzugehen, dass wir nicht in irgend einem tiefen Loch versinken würden. Wir fuhren also mit Bugwelle durch diese Seen und Teiche, und keiner der Wagen blieb stecken. An mehreren Stellen wurde die Piste für unpassierbar befunden, und diese Stellen mussten dann seitlich umfahren werden, wobei allzu große Unebenheiten erst mit Spaten und Schaufeln beseitigt werden mussten, damit die Autokarawane passieren konnte.

Auf diese Weise erreichten wir mit unseren schlammbespritzten Autos erst am späteren Nachmittag den Ort Ramadi, wo die Gruppe sich dann auflöste, nachdem wir uns alle von einander verabschiedet und wir uns besonders für die Hilfe und das sichere Geleit bedankt hatten. *Schukran* gehörte glücklicherweise schon zu unserem sonst noch sehr beschränkten arabischen Wortschatz.

In Ramadi suchten wir an der Hauptstraße erst einmal eins der einfachen Restaurants auf, um uns mit einigen Spießen leckeren Kababs, sowie mit Mineralwasser und Tee zu stärken. Zum Kabab muss noch gesagt werden, dass er aus dem damals noch von vielen Europäern zu Unrecht verschmähten Lamm- oder Hammelfleisch bereitet wird, das durch den Fleischwolf gedreht und dann an Eisenspießen über Holzkohlen gegrillt wird. Das Fleisch stammt von der im Irak verbreiteten Rasse der Fettschwanzschafe, die fast ihr gesamtes Körperfett in ihrem dicken, klumpenförmigen Schwanz tragen, wodurch das übrige Fleisch dieser Schafe überaus zart, mager und wohlschmeckend ist.

Am Abend kamen wir dann müde, ohne die Wasserräder gesehen zu haben, aber doch um einige Erlebnisse und Erfahrungen reicher zuhause in Baghdad an.

Revolution

Durch ein einschneidendes Ereignis wurden wir am 14. Juli 1958 früh morgens überrascht. Es war ein Montag. Die Nachbarn der Gerntrups, bei denen ich wohnte, Aziz und Nedschim, klingelten und gestikulierten schon ganz aufgeregt über die Gartenpforte. Wir öffneten ihnen, und sie informierten uns, dass früh am Morgen eine Revolution stattgefunden habe und wir keinesfalls das Haus verlassen dürften, da eine Ausgangssperre verhängt worden sei. Ein Armeegeneral habe die Macht übernommen, König Faisal und Kronprinz Abdulilah seien getötet worden, und nach dem Premierminister Nuri as-Sa'id werde gesucht. Sie hätten diese Nachrichten im Radio gehört, und diese Mitteilung würde in regelmäßigen Abständen wiederholt, unterbrochen jeweils durch längeres Abspielen militärischer Marschmusik.

Im Laufe der nächsten Tage erfuhren wir, dass Nuri as-Sa'id versucht habe, in weiblicher Verkleidung, in der traditionellen Aba, zur amerikanischen Botschaft zu fliehen, sei aber an seinen Schuhen als Mann erkannt und entdeckt und danach von einem Lynchmob getötet worden.

Dieser Montag, der 14. Juli 1958, war nicht nur ein historischer Wendepunkt für den Irak, er war auch eine Zäsur für mein Leben in diesem Land. Bisher war ich hier so etwas wie ein Zaungast, ein Beobachter, der das Land, die Menschen und die Kultur vom Rande her betrachtet hat, zwar mit großem Interesse und mit viel Sympathie, aber eben nur im Wesentlichen von außen. Das wird auch deutlich durch die Fülle der Fotos, die ich in dieser Zeit, ähnlich einem journalistischem Beobachter und Berichter, hier gemacht habe. Ich hatte zwar angefangen, Arabisch zu lernen, habe es aber nur zögerlich und anfängerhaft dort angewendet, wo es nicht anders ging, wo ich mit meinen Gesprächspartnern weder auf Englisch noch auf Deutsch kommunizieren konnte.

Dieses Datum lag auch in der Mitte zwischen meiner Verlobung mit Mabel Beshoory, einer irakischen Christin, und der im Herbst geplanten Heirat. Meine Entscheidung, eine Irakerin zu heiraten, Mitglied ihrer Familie zu werden, würde erst einmal ein Andocken an und nach und nach ein Eintauchen in die irakische Gesellschaft bedeuten. Es wäre eine neue Identität für mich in diesem Land. Es würde von nun an meine zweite Heimat sein.

Trotz der verhängten Ausgangssperre ging ich auf Nebenstraßen zum etwa 15 Minuten Fußwegs entfernten Haus von Mabel und ihren Eltern. Auch sie waren überrascht von der Revolution, und der Fernseher lief ununterbrochen. Nach und nach wurde am Tage klar, dass 'Abdulkerim Qassim, ein Brigadegeneral, der neue Machthaber war. Wirkliche Informationen über die Entwicklung lieferten Fernseher und auch Radio kaum.

Für die folgenden Tage wurden die Ausgangssperren eingeschränkt und nur auf den Abend und die Nacht bis zum folgenden Morgen begrenzt, sodass die Menschen wieder ihrer Berufstätigkeit nachgehen und ihre Einkäufe tätigen konnten.

Da das aber meine Besuchsmöglichkeiten bei Mabel stark einschränken würde, schlugen ihre Eltern vor, dass ich doch gleich in ihr Haus ziehen sollte. Dafür war ein geräumiges Gästezimmer vorhanden, das ich bis zur für September geplanten Hochzeit bewohnen könnte. Ich nahm diesen Vorschlag gern an, zog an einem der nächsten Tage bei den Gerntrups aus, holte meine spärliche Habe dort ab und kam so ins Haus der Familie Beshoory.

Die Folgen der Revolution für das Geschäft waren schwerwiegend. Der Markt war total verunsichert, und die Umsätze gingen drastisch zurück. Als abzusehen war, das diese Situation sich nicht sehr schnell bessern würde, entschied die Geschäftsleitung meines Arbeitgebers, die Gehälter der Angestellten bis auf Weiteres um 40 % zu kürzen. Das würde für mich eine Kürzung des Monatsgehalts von 80 auf 48 Dinar bedeuten.

Ich besprach die Angelegenheit mit Mabel und ihrem Vater, und wir kamen zu der Entscheidung, dass ich mich selbstständig machen und gemeinsam mit Mabels Vater eine Firma gründen solle. Die Idee war, dass wir anfänglich Geschäfte als „Commission Agents" auf Provisionsbasis machen wollten. Wir wollten uns um Vertretungen europäischer Firmen bemühen, für die wir bei irakischen Importeuren Aufträge buchen und dafür Provision erhalten würden.

Ich kündigte also meinen Vertrag mit meinem bisherigen Arbeitgeber, der sicher froh war, unter den waltenden, krisenhaften Umständen einen Kostenfaktor los geworden zu sein. Gleich danach begann ich, noch vom Hause meiner künftigen Schwiegereltern aus, Briefe an europäische Firmen zu schreiben, um Angebote für Waren, zuerst hauptsächlich Elektromaterial, einzuholen, um sie den Händlern im Markt anzubieten, die ich bei meiner bisherigen Tätikeit kennengelernt hatte.

Wir gründeten die Firma Edward J. Beshoory & Co. und mieteten ein Einraumbüro im Behbehani Building in der Mustansir Street, direkt in der City und in der Nähe des Basars. Mabels Vater machte die Buchhaltung und den Innendienst, und ich besuchte die Kunden, zu Anfang erst einmal die, die ich schon von meiner Tätigkeit in der früheren Firma her kannte. Unser erster gebuchter Auftrag war eine Mini-Order für Messing-Lampenfassungen. Die Provision dafür brachte etwas mehr ein als die Portokosten, aber ein Anfang war gemacht, das was ein Händler beim ersten Geschäft am frühen Morgen „istiftah" nannte, die Eröffnung des Geschäftes, auf die dann weitere, möglichst bessere, folgen sollten. Nach und nach konnten wir einige Alleinvertretungen europäischer

Firmen übernehmen, für die wir gute Aufträge buchen konnten.

Gleichzeitig legten wir den Termin für die Hochzeit fest, den 14. September. Ein Standesamt gab es damals im Irak nicht. Alle Trauungen waren religiös, d.h. die Muslime heiraten mit Vertrag bei einem Mullah, die Juden beim Rabbi in der Synagoge und die Christen wurden durch einen Priester ihres jeweiligen christlichen Glaubens getraut. Da Mabel chaldäischkatholisch war, gingen wir ins Büro des Bischofs der Chaldäisch-Katholischen Kirche und legten dort unsere Papiere vor. Ich musste schriftlich mein Einverständnis erklären, dass Kinder, die aus unserer Ehe hervorgehen würden, katholisch getauft und erzogen werden würden.

Durch Gespräche in der Familie über die Berufstätigkeit meines künftigen Schwiegervaters, die Jahre, die er für die Ottoman Bank, einer dem Namen nach türkischen, dem Kapital nach britischen Bank als Direktor im Sudan und als Direktor mehrerer Filialen im Iran, in Kermanschah, in Hamadan und in Teheran tätig war, und jetzt nach seiner Pensionierung längere Reisen mit der Familie unternommen hatte, war immer die Rede davon gewesen, dass Mabel mit der Familie auch in diesen Ländern war, nachdem sie ihre Schulbildung bei den katholischen Schwestern in Baghdad erhalten hatte.

Mit Mabels Eltern verstand ich mich sehr gut. Sie waren liebenswerte und mir gegenüber liebevolle Menschen. Mabels Vater beherrschte, außer Arabisch, noch Englisch, Französisch und Persisch. Er entstammte einer sehr alten christlichen Baghdader Familie, einer der 85 christlichen Familien, die französische Karmelitermönche in den 50er Jahren des 18. Jahrhunderts in einem von ihnen angefertigten Verzeichnis aufgelistet hatten. Ihn lernte ich nach und nach als den redlichsten, ehrlichsten und vertrauenswürdigsten Menschen kennen, mit dem ich je in meinem Leben zu tun hatte. Er wurde für mich zu einem der Menschen, die mir in meinem Leben, wie davor mein Großvater mütterlicherseits, Vorbilder sind.

Mabels Mutter, Matilda, stammte aus Basrah, konnte außer Arabisch noch Persisch als Fremdsprache, und war eine ganz ausgezeichnete Köchin. Sie war eine herzensgute Frau, die jedoch ihr Herz auf der Zunge hatte, und das auch, wenn der jeweils Angesprochene dabei nicht so gut wegkam. Wenn ihre Tochter ihr dann sagte: „aber Mama, so etwas sagt man doch nicht", antwortete sie: „wieso, es stimmt doch." Ihr Mann ging dann wissend lächelnd über so etwas hinweg.

Obwohl ich mich, sowohl mit Mabel als auch mit ihrem Vater, gut auf Englisch hätte verständigen können, bestand ich darauf, dass wir im Hause nur Arabisch sprechen. So vervollkommnete ich nicht nur nach und nach mein Arabisch, sondern sprach nach einiger Zeit auch perfekt den christlichen Baghdader Dialekt des Arabischen.

Natürlich schliefen Mabel und ich in dieser Zeit getrennt, auf dem Dach unter freiem Himmel in von einander entfernten Ecken, und wenn wir morgens früh durch Fliegen und Sonne geweckt wurden, zog ich in mein Gästezimmer.

Die Hochzeit fand dann am 14. September, einem Sonntag und Mabels Geburtstag, im Hause meiner Schwiegereltern statt. Die Trauung wurde dort durch den chaldäisch-katholischen Bischof in chaldäischer Sprache, einer aus dem Aramäischen hervorgegangenen Sprache, vorgenommen. Da außer dem Bischof keiner der Anwesenden diese Sprache verstand, übersetzte ein amerikanischer Jesuiten-Pater die Zeremonie ins Englische.

Der Kreis der Hochzeitsgäste war klein gehalten. Es waren nur Mabels Eltern, Mabels Onkel Albert und Dschamil mit ihren Frauen, Violet Allen, eine enge Freundin der Familie, das Ehepaar Gerntrup und meine Freunde Klaus von Elm und Robert Schmidt anwesend.

Die politische Situation stabilisierte sich langsam. Die Armee hatte das Sagen. Ministerpräsident und Machthaber war General Abdulkerim Qassim. Die Minister der alten Regierung, die Repräsentanten der „verfaulten Aera", wie die Zeit der Monarchie jetzt genannt wurde, wurden vor ein Militärgericht gestellt, und die Gerichtsverhandlungen unter dem Vorsitz des Obersten Fadhil 'Abbas al-Mahdawi, eines Cousins und Schwagers von Abdulkerim Qassim, wurden im Fernsehen übertragen.

Auch wir sahen uns einige dieser Fernsehübertragungen an, obwohl sie uns ziemlich anwiderten. Aber erstens wollten auch wir informiert sein, was vor sich ging, und zweitens waren sie doch durch die Sprüche des extrovertierten und sich in seiner neuen Machtfülle arrogant produzierenden Obersten Mahdawi in gewisser Weise unterhaltsam. So sagte er zum Beispiel: „Mein Vater war Schlachter von Schafen, ich bin Schlachter von Verrätern."

Der Begriff „verfaulte Aera", zuerst als Schimpfwort von den neuen Herrschern für die Zeit der Monarchie gedacht, entwickelte sich in weiten Kreisen der Bevölkerung, je länger diese Zeit zurück lag, zu einem Qualitätsbegriff im Sinne von „gute, alte Zeit".

Für mich wurde der Irak sehr schnell zur Heimat. Ich war kein außenstehender Beobachter mehr, sondern Teil der irakischen Gesellschaft.

Ausflug in den Bürgerkrieg

Im April 1976 hatte ich eine Geschäftsreise nach Baghdad zu machen. Ich hatte seit Monaten keine Nachricht von meiner damals dreizehnjährigen Tochter Schirin und meiner geschiedenen Frau, Mabel, die in der Nähe von Beirut lebten, erhalten. Infolge der Bürgerkriegswirren waren sämtliche Verbindungen abgebrochen. Der Postdienst funktionierte nicht, und viele Versuche, eine telefonische Verbindung zu bekommen, waren vergeblich.

Ich beschloss daher, den Versuch zu wagen, Schirin und Mabel zu besuchen. Um dieses Unterfangen gut vorzubereiten, telefonierte ich im März und April bei Deutschen herum, von denen ich gehört hatte, dass sie erst vor kurzem aus dem Libanon zurückgekehrt waren. Zuletzt wurde mir ein Mitarbeiter eines großen deutschen Pharmakonzerns empfohlen, der Delegierter seiner Firma in Beirut gewesen war, den ich dann anrief. Er empfahl mir, mich an einen libanesischen Angestellten seiner Firma, einen Christen namens Robert H. zu wenden und gab mir dessen Telefonnummer.

Mitte April, auf der Hinreise nach Baghdad, mache ich Station in Beirut, telefoniere mit diesem Robert H., erkläre ihm den Zweck meines Kommens und den Grund meines Anrufes und erfahre, dass er in Chouaifete wohne, und dass das das Nachbardorf von Kfarchima sei, in dem Schirin und Mabel leben, südlich von Beirut, hinter dem Flughafen, „nur" durch die Front zwischen den Linken und den Rechten von einander getrennt. Dies ist ja nun ein toller Zufall, der die Möglichkeit verspricht, wenigstens ziemlich dicht an Schirin und Mabel heranzukommen, aber es wird nichts daraus. Gerade am Tage vorher hatte es dort in der Gegend Schießereien gegeben, bei denen eine Frau beim Brotholen getötet worden sein soll, und Robert H. bedeutet mir, er könne mir im Augenblick nicht helfen, und ich solle es auf der Rückreise von Baghdad noch einmal versuchen.

Ich fliege also erst einmal nach Baghdad weiter und erledige die geschäftlichen Dinge, derentwegen ich die Reise angetreten hatte. Auf der libanesischen Botschaft besorge ich mir ein Visum für meine zweite Einreise in den Libanon.

Am Donnerstag, dem 6. Mai, verlasse ich Baghdad mit einem Flug der MEA, komme noch am Vormittag in Beirut an und nehme mir ein Taxi für die Fahrt in die Stadt. Der Fahrer verlangt vierzig. Ich bin einverstanden, und wir fahren los. Nach einer kurzen Weile, außer Reichweite des Flughafens und anderer Taxen, sagt der Fahrer dann: „ich meinte natürlich Dollar". Ich hatte, für mein Empfinden viel natürlicher, libanesische Lira gemeint. Das ist die Art „Geschäftstüchtigkeit", die ich besonders mag, die man in der Levante aber immer erwarten muss. Es gibt eine lange Diskussion. Er hält an und meint, ich könne ja aussteigen. Schließlich überzeuge ich ihn, zum Carlton Hotel im West-Beiruter Stadtteil Ras Beirut weiterzufahren. Dort lasse ich dann die Leute vom Empfang die Angelegenheit für mich regeln und ihm 40 Lira geben. Natürlich gibt es großes Gezeter, aber ich habe es geschafft, mich nicht linken zu lassen, wenn man davon absieht, dass auch 40 Lira ganz schön happig sind. Aber es herrschen schließlich Bürgerkriegszustände. Was ist da normal?

Die Diskussion im Taxi hatte mich leider davon abgehalten, aus dem Wagenfenster zu sehen und zu beobachten, wie es am Wege aussieht, und was dort vor sich geht. Allerdings entgehen mir nicht die Sandsackstellungen an den Straßenkreuzungen und die Wracks zerschossener und ausgebrannter Autos alle -zig oder paar hundert Meter entlang der Straße.

Inzwischen ist es Mittag geworden. Ich esse eine Kleinigkeit im Hotel und versuche dann wieder, telefonisch den Robert H. zu erreichen. Glücklicherweise bekomme ich gleich Anschluss. Seine Frau ist am Apparat und erklärt mir, dass ihr Mann nicht da sei. Auch ihr erkläre ich, was ich will, und sie meint, ich solle nach Chouaifete herauskommen. Bis zu meiner Ankunft werde sicher auch ihr Mann zurück sein. Dabei rät sie mir noch, mit einem dem Hotelpersonal bekannten Taxifahrer zu fahren, um unliebsamen Überraschungen vorzubeugen. Darauf wäre ich sicher nach meinen ganz frisch gesammelten Erfahrungen auch gekommen, aber wahrscheinlich bezog sich ihr Rat zur Vorsicht nicht auf so harmlose „Missverständnisse" wie die wegen unterschiedlicher Währungen.

Ich packe also ein paar Sachen zusammen, die ich für Schirin mitgebracht habe, einen Kasten Wasserfarben, Süßigkeiten, ein Buch und etliche haltbare Lebensmittel, u.a. eine Mettwurst, da ich ja nicht weiß, wie die Versorgungslage ist. Vielleicht können sie so etwas gebrauchen. Dann gehe ich hinunter zum Hotelportier und lasse mir ein Taxi rufen. Ein älterer Fahrer ist bereit, mich für dreißig Lira nach Chouaifete zu bringen. Wir fahren die Küstenstraße in südlicher Richtung, zuerst noch an Villen und einigen Botschaften vorbei, und wieder sieht man ausgebrannte Autos. Danach geht es durch ärmlichere Viertel. An einigen Stellen wird Müll offen an der Straße verbrannt, und die Gerüche sind entsprechend.

Nach einigen Kilometern geht es links ab, vom Meer weg in die Hügel. Vor dem Ort Chouaifete ist eine Straßensperre. Wir werden angehalten. Die schwer bewaffneten Posten sind etwas in Aufregung. Der „Muallim" (Lehrer) ist in der Gegend. So nennen sie respektvoll Kamal Dschumblat, den Drusenfürsten und Führer der linken Progressiven. Er ist in seinem Wagen seiner Leibwache, die in einem zweiten Wagen fährt, davongefahren, und daher die Nervosität. Nachdem die Leute sich etwas beruhigt haben, wenden sie sich mir zu. Ich erkläre ihnen, dass ich nach Kfarchima will, weil ich meine Tochter suche, um die ich mir Sorgen mache. Dafür haben die Leute zwar Verständnis, aber sie wollen mich nicht durchlassen. Es sei viel zu gefährlich, und die Frontlinie könne ich sowieso nicht überqueren. Erst als ich den Namen Robert H. erwähne, ändert sich ihre Haltung, und einer der Männer erklärt sich sofort bereit, mit uns zu kommen und uns zu Robert H. zu bringen, der ihrem Verhalten nach hier im Ort eine angesehene Persönlichkeit sein muss. Tatsächlich stellt sich dann im Gespräch mit unserem Begleiter heraus, dass er hier so etwas wie der Ortskommandant der Linken ist, was mich natürlich erstaunt, denn einen Christen in einer Führungsposition bei den Linken, die ja in ihrer großen Mehrheit Moslems und Drusen sind, hatte ich nicht erwartet. Das zeigt mal wieder, dass besonders im Libanon Klischees dem Sachverhalt oft nicht gerecht werden.

Wir fahren durchs Dorf und halten dann vor einem Haus, vor dem sich auch wieder einige bewaffnete Männer aufhalten. Das Haus liegt an einem Hang. Über eine Treppe werde ich hinaufgeführt. Frau H. begrüßt mich und bittet mich, in einem großen Raum Platz zu nehmen, ihr Mann sei zurück und würde gleich zu mir kommen. Große Holzläden halten die Strahlen der Nachmittagssonne ab und lassen den Raum in einem kühlen Halbdunkel. Ich habe mich kaum gesetzt, schon steht ein Glas mit eisgekühltem Fruchtsaft vor mir, und kurz darauf erscheint der Hausherr und begrüßt mich freundlich. Zuerst eröffnet er mir jedoch, dass es unmöglich sei, nach Kfarchima hinüberzukommen und fragt mich, warum ich denn nicht einfach anriefe. Meine Antwort, dass ich dies oft versucht, jedoch nie eine Verbindung bekommen hätte, amüsiert ihn und scheint ihn auch zu befriedigen, und er erklärt mir, dass die Telefonverbindungen für Kfarchima über die Zentrale in der Post von Chouaifete laufen und sie die Leitungen nach dort unterbrochen hätten.

Darauf bietet er mir jedoch an, mich mit Schirin und Mabel telefonieren zu lassen. Wir gehen durchs Dorf zur Post. Dort gebe ich in einem Raum mit vielen Kabeln und Schalttafeln einem der Bediensteten die Telefonnummer von Mabels Nachbarn. Der drückt mir einen Telefonhörer in die Hand, stöpselt ein paar Stecker in verschiedene Buchsen, und im Hörer ertönt das Klingelzeichen. Kurz darauf meldet sich eine erstaunt klingende weibliche Stimme. Ich erkläre ihr, wer ich bin und bitte sie, Schirin und Mabel an den Apparat zu holen, damit ich mit ihnen sprechen kann. Nach kurzer Zeit ist Mabel am Apparat.

Sie hat gleich mehrere Fragen auf einmal: wieso ich mit ihr telefonieren kann, obwohl doch alle Telefonanschlüsse in Kfarchima tot sind, und von wo aus ich denn anrufe. Ich erkläre es ihr und frage nach Schirin. Sie ist bei einer Freundin und kann leider so schnell nicht geholt werden. Als Mabel hört, dass ich in Chouaifete bin, meint sie, das sei doch nur wenige Kilometer entfernt, und ich solle doch herüberkommen. Als ich ihr sage, dass das meine Absicht gewesen sei, dass ich deswegen in den Libanon gekommen sei, dass aber die Leute hier mich nicht hinüber lassen wollen, sagt sie, da ja der Oberste der Linken in Chouaifete bei mir sei und mir das Telefonieren ermöglicht habe, werde sie jetzt den Ortskommandanten der Rechten an den Apparat holen lassen. Dann sollten die beiden gemeinsam beratschlagen und eine Lösung finden, wie ich am sichersten hinüber gelangen könne. Und wirklich ist dieser Mann nach kurzer Zeit am Telefon. Ich hatte Robert H. inzwischen Mabels Idee erklärt und gebe ihm den Hörer, und wirklich beratschlagen die beiden verfeindeten Landsleute, wie es am gefahrlosesten zu bewerkstelligen sei und wann. Ein vorgeschlagener Weg wird als zu unsicher verworfen, da er auch im Schussbereich einer anderen Gruppe liegt, die an der Vereinbarung nicht beteiligt ist und nicht so schnell benachrichtigt und einbezogen werden kann. Sie einigen sich auf einen zweiten Übergang. Es ist 15.30 Uhr. Um 16 Uhr soll ich die Linie überqueren. Bis ich sicher drüben bin, soll nicht geschossen werden. So weit, so gut.

Wir gehen zurück zu Roberts Haus. Ich will die Mitbringsel für Schirin und Mabel nehmen, aber da kommt das Veto meines Gastgebers. Mit so einem großen Beutel mit so vielen Sachen sei das zu gefährlich. Da könne doch jemand denken, ich wolle Waffen oder sonst etwas Wichtiges hinüberschaffen. Wir reduzieren das Ganze auf ein paar Sachen, die in einen kleinen Plastikbeutel passen, der mir dafür gegeben wird. Die übrigen

Sachen übergebe ich dem Taxifahrer, der bis jetzt gewartet hat und bitte ihn, sie im Carlton Hotel an der Rezeption für mich abzugeben. Ich zahle ihm seinen Fahrpreis und lasse ihn zurückfahren. Meine Gastgeber erklären mir, ich solle nicht auf dem gleichen Weg zurückkommen. Es sei wesentlich sicherer, den Übergang beim Museum an der rue de Damas zu benutzen.

Kurz vor vier Uhr machen wir uns auf den Weg. Ich werde von Robert und einigen bewaffneten Männern begleitet. Es geht durch Gärten und Olivenhaine bis zu einem Punkt, an dem sie nicht weitergehen dürfen. Wir sind am Rande einer kleinen, mit Büschen und kleinen Bäumen bewachsenen Schlucht angekommen. Sie zeigen mir einen kleinen Pfad, der auf unserer Seite hinunter- und auf der anderen Seite wieder hinaufführt zu einem größeren zweistöckigen Haus. Das ist Beit Sakha, das Haus der Familie Sakha, erklären sie mir. Dort solle ich klingeln und mir den Weg ins Dorf zeigen lassen. Wir verabschieden uns, ich bedanke mich, und sie wünschen mir alles Gute.

Ich gehe also den beschriebenen Pfad hinunter. Bis auf etwas Vogelgezwitscher ist es still. Nur hin und wieder sind in größerer Entfernung weiter oben oder weiter unten einige Schüsse zu hören. Direkt Angst ist es nicht, was ich fühle, aber etwas mulmig ist mir schon. Nach ein paar Minuten bin ich schon unten und beginne den Anstieg zur anderen Seite. Es bleibt, glücklicherweise, ruhig, und bald bin ich oben. Ich gehe auf das Haus zu. Es scheint noch ziemlich neu zu sein. Es ist in einem bläulichen Grauton gestrichen und macht einen gepflegten Eindruck, wenn man davon absieht, dass die Außenwände an einigen Stellen Schussspuren aufweisen. Alle Rollläden vor den Fenstern sind heruntergezogen. Ich klingele, und gleich darauf öffnet eine junge Frau die Tür. Die Überraschung auf ihrem fragenden Gesicht ist deutlich zu sehen. Im Nu sind eine ganze Anzahl von Frauen und Mädchen um uns herum. Männer scheint es in diesem Haus nicht zu geben.

Die Frage, was dieser verrückte Europäer hier unter diesen Umständen zu suchen hat, meine ich auf allen Gesichtern erkennen zu können. Ich gebe also erst einmal die nötigen Erklärungen ab. Dass diese auf Arabisch im irakischen Dialekt kommen, ruft, wie so oft vorher, zusätzliches Erstaunen hervor. Aber dann wird mir erklärt, dass ich nur den vom Haus ins Dorf führenden asphaltierten Weg zu nehmen brauche, nicht, ohne darauf hinzuweisen, dass es klüger wäre, mich immer an der rechten Seite in der Nähe der höheren, zur Hangseite gelegenen Mauer zu halten, um notfalls schnell in Deckung gehen zu können.

Ich gehe also los, rechts die Mauer, dahinter sich am Hang hinaufziehende Gärten, hin und wieder mit einem kleinen Häuschen darin, aber keiner sichtbaren Menschenseele. Links liegen verlassene Gewerbegrundstücke und kleinere Fabrikbetriebe, und weiter unten, links hinter mir ist, durch Mauerlücken hindurch, gelegentlich der Flughafen zu sehen. Nach ein paar hundert Metern sehe ich auf dem Weg eine Straßensperre und in einer Lücke daneben ein blondes Mädchen mit einer roten Bluse. Wie ich näher komme, sehe ich, dass es Schirin ist, die mich auch erkannt hat. Sie winkt mir zu. Neben ihr ist jetzt auch ein junger Mann zu erkennen. Nach ein paar weiteren Minuten erreiche ich die Barrikade und sehe, dass sie aus einer riesigen Papierrolle besteht. Ich umarme Schirin und sehe sie mir dann an. Sie ist ganz schön gewachsen. Wir haben uns ja auch fast zwei Jahre nicht gesehen.

Dann stellt sie mir den jungen Mann vor. Es ist Riadh Kaadi, ein Nachbar, der sie mit dem Auto hierher gefahren hat. Wir begrüßen uns, und er lädt uns ein, in den Wagen zu steigen. Eine Wendung des kleinen Wagens auf dem schmalen Sträßchen, und ab geht es in Richtung Ortsmitte. Die Häuser stehen hier schon dicht beieinander, und es sind auch Menschen zu sehen, die neugierig zu uns herüberäugen. Wir biegen schon bald in die Hauptstraße ein und halten gleich rechts an der Ecke vor einem größeren Gebäude, in dem unten ein paar Läden und das Postamt sind. Aus allen Fenstern und über alle Balkonbrüstungen lehnen Menschen, und auch an der Straße stehen sie und winken uns zu. Es muss sich wie ein Lauffeuer herumgesprochen haben, dass Abu Schirin, Schirins Vater kommt.

Wir steigen aus dem Wagen aus. Aus dem Hause kommt uns Mabel in Begleitung einiger Nachbarn entgegen. Wir begrüßen uns, und ich muss natürlich auch die Hände einiger der Umstehenden schütteln, die Mabel und Schirin mir vorstellen, und wir werden eingeladen, zu ihnen in die Wohnung zu kommen. Zuerst geht es aber in Mabels und Schirins Wohnung, wo ich erst einmal berichten muss, wie ich hergekommen bin, die Sachen übergebe, die ich mitgebracht habe und mir erzählen lasse, wie es den beiden geht.

Die Versorgungslage ist unter den Umständen gut, und auch meine Telexüberweisungen kommen an, aber die Kämpfe, abgesehen von den Gefahren für Leben und Gesundheit, bringen doch ziemliche Einschränkungen mit sich. Manchmal können sie tagelang das Haus nicht verlassen und müssen auch viel Zeit im Keller verbringen, wenn es oben wegen der Schießereien nicht sicher genug ist. Ein paar Kugeln haben sich bei solcher Gelegenheit auch schon mal in ihre Wohnung verirrt. Schirin nimmt mich in ihr Zimmer mit und zeigt mir ihre Sammlung von Patronenhülsen. Es ist alles schon einmal dagewesen. Ich habe als Kind Bombensplitter gesammelt. Auf die Unvernunft der Menschen ist Verlass. Wann werden Kinder aufwachsen können, ohne Gelegenheit zu haben, so etwas zu sammeln?

Schirin und Mabel zeigen mir noch die Wohnung, zwei geräumige Zimmer, Küche, Bad, Balkon, alles geschmackvoll und zweckmäßig eingerichtet, mit etlichen Dingen, die ich noch aus unserer Zeit in Baghdad kenne, Perserbrücken von Mabels Eltern, eine schöne alte indische Truhe und eine Reihe von

Antiquitäten, Stücke alten persischen Kunsthandwerks, die ich einmal gekauft hatte.

Schirin erinnert uns daran, dass wir noch die Nachbarn besuchen müssen, zwei Familien, die im selben Haus wohnen. Zuerst geht es zu Maron Roukoz und seiner Frau Térèse. Maron ist der Leiter des kleinen Postamtes von Kfarchima und ein lebhafter, drahtiger, kleiner Mittvierziger. Térèse hat eine, im Vergleich zu ihrem Manne, rundlichere, mütterliche Figur. Die vertrauliche Art, in der Mabel und besonders Schirin mit den beiden umgehen, verrät, dass sie sich mit ihnen gut verstehen, und sie erzählen mir auch, wie die beiden ihnen, besonders unter den schwierigen Umständen der letzten Zeit, in der für sie neuen Umgebung geholfen haben. Bei Schirin fällt mir bei dieser Gelegenheit auf, dass sie den libanesischen Dialekt spricht und den irakischen vollkommen abgelegt hat. Es bleibt uns nur die Zeit für einen Mokka und ein kurzes Gespräch.

Dann geht es über den Flur zur Familie Kaadi, einem Ehepaar mit zwei kleinen Kindern. Riadh hatte ich ja schon bei der Straßensperre am Ortseingang kennen gelernt. Er hat unten neben der Post einen kleinen Laden, eine Art Boutique für Damenoberbekleidung und Parfümerie. Außerdem arbeitet er als Innenarchitekt und richtet gelegentlich wohlhabenden Leuten in Saudi-Arabien und am Arabischen Golf ihre Häuser ein. Auch hier bleibt nur Zeit für wenige Worte und den obligatorischen Mokka. Ich möchte vor Einbruch der Dunkelheit wieder die grüne Linie passiert haben, und wir beraten daher mit den Nachbarn, wie ich am sichersten zurückkomme. Ich berichte von der Empfehlung der Linken in Chouaifete, den Übergang beim Museum zu benutzen. Davon halten die Leute hier nicht viel. Sie meinen, das sei unsicherer als der Weg, den ich gekommen bin. Schließlich würden „die von drüben" mich ja jetzt kennen, und den Kämpfern der Rechten in Kafarchima würden sie Bescheid sagen. Dann könne eigentlich nicht viel passieren, und Schirin schärft mir ein, ich solle sofort anrufen und sie von meiner sicheren Rückkehr benachrichtigen, sobald ich ins Hotel zurückgekehrt sei. Mein verständlicher Einwand, dass doch ihre Telefonverbindungen unterbrochen seien, löst dieses Mal auf dieser Seite Schmunzeln aus. Eine Leitung gäbe es noch, und zwar die des Hauptquartiers der rechten Ahrarmiliz im Ort. Dort könne ich anrufen, und die würden die Nachricht weitergeben. Schirin geht mit mir dorthin. Sie scheint mit allen dort gut bekannt zu sein. Ich werde freundlich begrüßt und bekomme die Telefonnummer nebst der Versicherung, dass von ihrer Seite Waffenruhe herrschen würde, wenn ich wieder nach Chouaifete hinüberginge. Nachdem ich mich bei den Leuten bedankt habe, dass sie es mir ermöglicht haben, herüberzukommen und meine Tochter zu besuchen, gehen wir zurück zum Haus, zu Mabel und den Nachbarn.

Dort verabschiede ich mich von allen, bedanke mich auch bei den Nachbarn, und all das dauert einige Zeit, weil jeder noch ein paar freundliche Worte und gute Wünsche für mich hat. Es ist schon nach halb sieben, und ich muss mich beeilen, wenn ich noch im Hellen hinübergelangen will.

Riadh Kaadi und Schirin bringen mich im Auto wieder bis zur Straßensperre, wo sie mich in Empfang genommen hatten. Dort ist dann der dritte, letzte und mich am meisten bewegende Abschied. Aber auch hier geht es, zumindest äußerlich, nicht sehr emotional zu. Ich neige nicht zu unkontrollierten Gefühlsausbrüchen, und sicherlich ist in dieser Beziehung Schirin ganz meine Tochter.

Dann geht es los, denselben Weg, den ich gekommen bin, immer schön an der Mauer entlang. Ein paar Mal sehe ich mich noch um. Die beiden stehen noch neben der riesigen Papierrolle, und wir winken uns zu, bis ich außer Sichtweite bin.

Bald komme ich am Beit Sakha vorbei, beginne den Abstieg in die kleine Schlucht und bin bald unten. Es geht der Dämmerung entgegen, und in der Schlucht merkt man das natürlich besonders. Es wird Zeit, dass ich weiterkomme. Zügigen Schrittes geht es die andere Seite wieder hinauf. Ich bin froh, dass alles ruhig bleibt, jedenfalls hier, wo ich mich befinde. Bald bin ich oben, und es geht durch die Gärten und Olivenhaine von Chouaifete. Dort begegne ich nach einigen Minuten einem der Männer, die mich am Nachmittag hierher begleitet hatten. Er fällt aus allen Wolken, mich hier wiederzusehen und macht mir Vorwürfe, aber nur kurz. Dann meint er, es sei ja, *al hamdu lillah*, gut gegangen. Sogleich bietet er mir an, mich ins Hotel zurückzufahren, was ich natürlich gern annehme. Auf dem Weg zu seinem Auto begegnen uns noch ein paar Leute und begrüßen mich, aber wir halten uns nicht lange auf. Auch mein hilfsbereiter Fahrer will so schnell wie möglich zurückkommen.

Auf der Fahrt versucht er geschickt, mich über das auszufragen, was ich drüben gesehen habe. Abgesehen davon, dass ich nichts von Wert für ihn beobachtet oder erfahren habe, sage ich ihm auch, dass ich es ihm so wenig berichten würde, wie ich denen drüben etwas über die Leute der Miliz in Choueifete berichtet hätte. Er ist's, freundlich lächelnd, zufrieden, erkennt meinen Willen, fair zu sein, an, und wir beschränken unser Gespräch auf meine Erlebnisse am Nachmittag mit meiner Familie und deren Nachbarn, auf meine lange Zeit im Orient und meine guten Arabischkenntnisse, die seine große Anerkennung finden. Er legt den Weg so, dass wir nur an zwei oder drei Kontrollpunkten an- aber nicht lange aufgehalten werden, und in weniger als einer halben Stunde bin ich im Hotel angekommen.

Mein freundlicher Helfer will kein Geld annehmen, aber unter Hinweis auf die jetzt doch sehr hohen Benzinpreise gebe ich ihm die gleiche Summe, die ich am Nachmittag für den Hinweg dem Taxifahrer gezahlt habe und bedanke mich für seine freundliche und großzügige Hilfe. Die Gastfreundschaft und die über ein normales Maß weit hinausgehende Hilfsbereitschaft, die ich an diesem Nachmittag und Abend erfahren habe, versöhnen mich mit den Libanesen. Sie machen die schlechte Erfahrung mit dem Taxifahrer am Vormittag mehr als wett. Es gibt eben auch hier, wie überall, sone und solche, und es gibt orientalische Gastfreundschaft und Hilfsbereitschaft neben levantinischer Schlitzohrigkeit.

An der Rezeption nehme ich, zusammen mit meinem Zimmerschlüssel, die Sachen wieder in Empfang, die ich dem Taxifahrer übergeben hatte. Auch sie waren sicher hier wieder abgeliefert worden. Ich gehe gleich auf mein Zimmer, rufe in Kfarchima an und bitte darum, Schirin und Mabel von meiner sicheren Rückkehr ins Hotel zu benachrichtigen.

Nachdem ich mich kurz frisch gemacht habe, gehe ich hinunter zum Abendessen. Ich genieße ein wirklich gutes, saftiges Steak. Der Ober entschuldigt sich, dass er mir leider kein Brot anbieten könne, da es heute durch die widrigen Umstände keines gegeben hätte. Der Speisesaal ist nicht voll, aber doch gut besucht. Ein paar Tische weiter feiert ein italienisches Paar mit libanesischen Freunden offenbar einen Geburtstag. Man ist südländisch laut und lebhaft, genießt das Leben und lässt die Champagnerkorken knallen. Wenn es draußen gelegentlich aus weniger freudigem Anlass knallt, dämpft das ihre Lebensfreude offenbar in keiner Weise. Es scheint alles eine Sache der Gewohnheit zu sein.

Nachdem ich mein Steak genossen habe, fährt der Ober einen Wagen mit den schönsten Desserts heran. Wenn es heute auch gerade mal kein Brot gibt, an allem anderen scheint kein Mangel zu herrschen. Ich esse noch ein Stück herrlicher Torte mit frischen libanesischen Erdbeeren, und nach einem Mokka begebe ich mich hinauf in mein Zimmer. Ich bin doch rechtschaffen müde nach den Erlebnissen des Tages und lege mich bald hin. Wenige Minuten, nachdem ich das Licht ausgemacht habe, es muss gegen halb elf oder viertel vor elf sein, klingelt das Telefon. Es ist Schirin. Ganz aufgeregt ruft sie: „Papi!

Papi! Warum hast Du nicht angerufen?" Ich versuche ihr klar zu machen, dass ich das getan habe, aber da höre ich im Hintergrund auf ihrer Seite der Leitung auch schon die Entschuldigung eines Mannes, der ihr erklärt, es sei ihm etwas dazwischen gekommen, und dadurch hätte er dann vergessen, sie zu benachrichtigen. Auf jeden Fall ist sie nun beruhigt, mich in Sicherheit zu wissen. Dann fragt sie mich, ob ich die Sachen, die ich ihr nicht hätte mitbringen können und die ich dem Taxifahrer anvertraut hätte, noch hätte. Als ich das bejahe, bittet Schirin mich, die Sachen in einen Karton zu packen und André in der Rezeption zu übergeben. Am nächsten Vormittag würde jemand kommen, um sie abzuholen. Auf meine Frage: wer und wann, erfahre ich, dass die Eltern von Riadh Kaadi gegen elf Uhr kommen wollten.

Nach dem Telefongespräch versuche ich, wieder einzuschlafen, aber jetzt bin ich wach, und die Ereignisse des Tages gehen mir durch den Kopf. Mir wird bewusst, dass ich mich durch die Anspannung, in der ich mich befand, so sehr auf die wesentlichen Dinge konzentriert hatte, dass ich alles andere nur wie durch einen Schleier sehr distanziert wahrgenommen habe. So sind meine Erinnerungen schon jetzt, nach nur wenigen Stunden, sehr unterschiedlich. Einige Eindrücke sind klar, viele andere doch recht verschwommen. Von den vielen Leuten, deren Hände ich geschüttelt und mit denen ich gesprochen habe, kann ich mich zum Beispiel nur noch einiger weniger Namen erinnern.

Kurz nach Mitternacht höre ich die Geräusche von stärkerem Geschützfeuer aus südlicher Richtung, d.h. von irgendwo aus der Gegend des Flughafens. Ich beruhige mich damit, dass das nun einmal in der gegebenen Situation des Libanon dazugehört und schlafe dann doch langsam ein.

Am Morgen wache ich gegen 7.15 Uhr auf. Es ist Freitag, der 7. Mai. Straßengeräusche und das Hupen einiger Autos ist zu hören, nichts Beunruhigendes. Ich stehe auf, ziehe den Vorhang zurück und trete durch die offene Tür auf den Balkon. Mein Zimmer befindet sich in der dritten Etage mit Blick über die Uferstraße, die hier Avenue du Général de Gaulle heißt, auf das Mittelmeer. Es ist etwas diesig und verhangen aber durchaus freundlich. Ich gehe wieder hinein, dusche mich, mache mich fertig und gehe nach unten, um zu frühstücken.

Blick vom Balkon des Carlton Hotel nach Süden

Das Frühstück gehört leider nicht zu den Höhepunkten libanesischen Lebensgenusses. Warum müssen die Libanesen aber auch alles den Franzosen abgucken, auch die weniger guten Sitten? Vielleicht ist es aber auch nur eine Gemeinsamkeit der Mittelmeervölker, dass sie auf ein gutes Frühstück keinen besonderen Wert legen.

Naja, ich bringe es schnell hinter mich, gehe zur Rezeption und lasse mir dort von André einen Karton geben. Damit gehe ich nach oben auf mein Zimmer und packe die Sachen für Schirin. Meine eigenen Sachen packe ich auch, denn es ist ja heute mein Abreisetag.

Als ich wieder hinunter in die Eingangshalle komme, ist dort inzwischen ein Kommen und Gehen von Leuten zu beobachten, denen man ansieht, dass sie etwas darstellen, und auch von solchen, denen man ansieht, dass sie glauben, etwas darzustellen. Sie sehen allerdings nicht so aus, als ob sie den Finger an den Abzug eines Gewehres legen würden. Soweit einige von ihnen aktiv am Bürgerkrieg beteiligt sind, machen sie eher den Eindruck, dass sie schießen lassen, als dass sie es selbst tun.

Ich übergebe André den Karton mit den nötigen Weisungen und bitte ihn, mich zu rufen, wenn er abgeholt würde. Da es bis dahin noch fast zwei Stunden Zeit ist, gehe ich hinunter zur Uferstraße und mache noch einen Spaziergang entlang der Küste in Richtung Stadt bis zu der Stelle, wo ich die Felsen der Taubengrotte im Meer vor der Küste sehen kann.

Felsen der Taubengrotte (2016 aufgenommen)

Entlang der Straße bietet sich mir inzwischen ein Anblick geschäftigen Treibens. Die ganze Straße ist in einen Basar umfunktioniert worden. Die Hälfte des seeseitigen Gehweges entlang der niedrigen Mauer ist von Händlern eingenommen, die dort auf Decken und Plastikplanen ihre Waren ausgebreitet haben. Am Straßenrand halten fast Stoßstange an Stoßstange Autos, deren Dächer und Kühlerhauben mit Waren aller Art bedeckt sind. Es gibt alles, was man sich vorstellen kann: Hemden, Hosen, Blusen, Röcke, Strümpfe, Teppiche, Damen-, Herren-, Kinder- und Sportschuhe, Handwerkzeug, Haushalts- und Küchengeräte, Radios und Recorder, Parfümerie- und Körperpflegeartikel, Schneidwaren und, und, und.

Straßenbasar auf der Uferstraße, der rue Charles de Gaulle

Der Mittelstreifen ist den Genussmitteln vorbehalten mit Pyramiden aus Zigarettenstangen, Stapeln von Getränkekartons, darauf Flaschen mit Whisky, Cognac und Likör aller Arten und Marken. Mir wird klar: der Basar ist durch Kampfhandlungen zerstört worden, beziehungsweise er ist durch die Schießereien ein so unsicherer Ort geworden, dass dort keine Geschäfte mehr zu machen sind. Was an Waren gerettet werden konnte, liegt jetzt hier zum Verkauf aus und sicher auch einige Beute von Plünderungen. Es wird laut angepriesen und gefeilscht. Die Käufer und Käuferinnen schieben sich durch die freigehaltene Gasse **auf dem Geh**weg, dazwischen gelegentlich ein bewaffneter Angehöriger einer der zahlreichen Milizen mit seiner Kalaschnikow oder „Kleschen", wie sie hier genannt wird, um das russische Zungenbrecherwort zu vermeiden.

Straßenbasar, Genussmittel auf dem Mittelstreifen

Auf der anderen Straßenseite bietet sich mir ein unerwartetes Bild. Einige große Mercedeslimousinen und amerikanische Straßenkreuzer stehen vor einer Autowaschanlage. Das ist typisch Libanon: an jeder Ecke sieht man zerschossene Autowracks, aber solange es mit der eigenen Nobelkarosse noch nicht so weit ist, muss sie gepflegt sein, damit sie „was hermacht".

Langsam mache ich mich auf den Rückweg. Im Hotel kurz vor 11 Uhr angekommen, setze ich mich in die Empfangshalle und beobachte die Leute, die ein- und ausgehen. Kurz nach 11 Uhr kommt eine Dame mittleren Alters ins Hotel und geht zum Empfangstresen. Sie spricht mit André, und der macht mir ein Zeichen. Ich gehe hin, begrüße sie und stelle mich vor. Sie ist überrascht, mich selbst zu sehen und sagt, dann müsse ich auch ihren Mann kennen lernen. Der sei draußen im Wagen. Wir nehmen den Karton und gehen hinaus und auf einen rostroten VW Käfer zu. Dort begrüße ich auch Herrn Kaadi. Beide wollen mich zum Essen zu sich nach Hause einladen. Ich muss mit Bedauern ablehnen, aber um 14 Uhr geht mein Rückflug nach Frankfurt ab, und ich will mich rechtzeitig auf den Weg zum Flughafen machen, um nicht durch einen unvorhergesehenen Zwischenfall das Flugzeug zu verpassen. Wir verabschieden uns daher voneinander.

Ich gehe zurück, zahle meine Hotelrechnung, lasse mein Gepäck herunterbringen und mir ein Taxi rufen. Dann geht es durch die helle Mittagssonne zum Flughafen. Auf dem Weg dorthin werden wir nur bei einem Kontrollposten auf der Flughafenstraße angehalten und kommen bald an. In der Abflughalle herrscht ziemliches Gedränge. Viele Menschen, hauptsächlich Libanesen neben riesigen Gepäckbergen warten vor den Schaltern der MEA, der einheimischen und einzigen Fluggesellschaft, die im Augenblick einen Flugdienst von und nach Beirut aufrecht erhält. Es dauert in diesem Gedränge ziemlich lange, bis ich mein Gepäck aufgegeben und meine Bordkarte bekommen habe.

Nach einigem weiteren Warten auf dem Flugsteig geht es dann in den Flughafenbus, der uns zu unserer Maschine bringt. Auf dem kurzen Weg dorthin sehen wir auf einer der Rollbahnen ein ausgebranntes Flugzeugwrack. Ein paar der Passagiere zeigen darauf und erzählen, dass die Maschine letzte Nacht in Brand geschossen worden sei. Das kann durchaus das Geschützfeuer gewesen sein, das ich in der Nacht gehört hatte.

Unser Flugzeug ist bis auf den letzten Platz besetzt. Der Abflug findet fast pünktlich statt, und ich bin auf der einen Seite erleichtert, die Stätte meiner zweitägigen Erlebnisse heil hinter mir zu lassen, und auf der anderen Seite traurig, meine Tochter hier zurückzulassen und hoffe für sie, dass sich die

Verhältnisse bald wieder bessern, obwohl ich weiß, dass die Aussichten dafür nicht sehr gut sind.

Der Pfeil oben links markiert ungefähr die Lage meines Hotels. Die Orte Chouaifete und Kfarchima sind unten auf der Karte eingezeichnet.

m

BEIRUT
CARLTON
Adr. Télég. CARLTONOTEL
Tél. 300320 (10 Lignes)

№ 74766

كارلتون اوتيل
العنوان التلغرافي : كارلتون اوتيل
تلفون : ٣٠٠٣٢٠ (١٠ خطوط)
بيروت — لبنان

m

BEIRUT
CARLTON
Adr. Télég. CARLTONOTEL
Tél. 300320 (10 Lignes)

№ 74766

كارلتون اوتيل
العنوان التلغرافي : كارلتون اوتيل
تلفون : ٣٠٠٣٢٠ (١٠ خطوط)
بيروت — لبنان

Doit M. *A WEBER* المطلوب من Chambre No. *307* غرفة رقم

Mois *MAI* شهر	6	7						
Appartement الثامة	80 00							
Arrangement مع الطعام								
Petit Déjeuner الثرويقة		9 50						
Breakfast ترويقة انكليزية								
Cafeterie قهوة								
Lunch غـــداء								
Diner عشـــاء	19 00							
Bar بـــار	5 00							
VIN, EAU MINERALE نبيذ ومياه معدنية								
Consommation (طلبات								
Appartement بالغرفة								
Blanchissage غسيل								
Téléphones تلفون								
Tabac-Cigarettes سجاير								
Domestiques خـــدم								
Divers مختلف								
Total du jour المجموع اليومي	104 00	9 50						
Report ما قبله		104 00						
Total المجموع	104 00	113 50						
Paiement المدفوعات								
Reste dû الباقي								

القرائر تدفع عند تقديمها . كافة المدفوعات بدون استثناء تدفع رأساً
لصندوق الاوتيل .

Les notes sont payables sur présentation. Tous les payements sans
exception doivent être effectués directement à la caisse de l'Hôtel.

Bills should be paid on delivery. All payments must be made
directly to the Cashier's office.

Total	مجموع	113.50
Service 16 %	خدمة ١٦ بالمئة	18.00
Débours Concierge	سلفات الصندوق	
Total de la Note	مجموع القائمة	131.50

50

Nachbetrachtungen zum „Ausflug"

Seit langem hatte ich mir vorgenommen, meine damaligen Erlebnisse in Beirut für mich und für meine Familie niederzuschreiben, um nicht nach und nach mehr und mehr davon zu vergessen und zu verlieren. Es hat fast elf Jahre gedauert, bis ich dieses Vorhaben verwirklicht und meine Notizen verarbeitet habe.

Inzwischen bin ich mehrere Male im Libanon gewesen, einmal zur Hochzeit meiner Tochter, ein paar Jahre später, um meinen ersten Enkel zu sehen, und zuletzt 2016 mit Ursel, meiner Frau, zu Besuch bei meiner Tochter Schirin und meinem Schwiegersohn, Camille.

Eine ganze Generation wuchs mit Intoleranz, Misstrauen, Hass, Fanatismus, Brutalität und Mord auf und lernte kein anderes Mittel der Konfliktlösung als das der Gewalt. Sehr erschrocken war ich in den 80er Jahren, als meine Eltern mir berichteten, sie hätten einen Brief von Schirin erhalten, in dem ein Foto des kleinen, damals dreijährigen Georges im Kampfanzug mit Spielzeug-MG war. Ich habe Schirin daraufhin in einem langen Brief geschrieben, was ich davon halte, aber ich fürchte, sie hat meine Argumente nicht verstanden. Wie sollte sie auch? Sie selbst lebte schon viel zu lange in dieser Umgebung, und einer Prägung und einem Einfluss durch die Ereignisse und Verhaltensmuster, denen sie ausgesetzt ist, konnte sie damals gar nicht entgehen.

Einige Jahre nach dem geschilderten Ausflug war ich, auf weniger abenteuerlichem Wege, wieder dort, saß mit Mabel und Schirin im Wohnzimmer von Maron und Térèse Roukoz bei einem Mokka, und zufälligerweise war auch der damalige Ortskommandant der Ahrar-Miliz zugegen. Er erzählte, wie er mich damals mit seinem Fernglas beim Überqueren der Kampflinie beobachtet habe, und er sagte dabei ganz stolz, keine Fledermaus hätte unbemerkt herüberkommen können.

Mein Enkel Georges als Dreiähriger im Kampfanzug mit einer Spielzeug-Kalaschnikow

Jahre nach diesen Ereignissen las ich in einem Buch der libanesischen Autorin Lina Mikdadi Tabbara, „*Survival in Beirut*", einer tagebuchartigen Schilderung ihrer Erlebnisse im Bürgerkrieg, dass der damalige Präsidentschaftskandidat Elias Sarkis sein Hauptquartier im Carlton Hotel hatte, und dass am 8. Mai 1976 zwei Stunden vor seiner Wahl zum libanesischen Präsidenten „die linken bewaffneten Elemente" zu einem Angriff auf sein Hauptquartier im Carlton Hotel ansetzten. Am Mittag des 7. Mai hatte ich das Hotel verlassen.

Leider hatte ich auf dieser Reise keinen Fotoapparat dabei. Da ich am Vormittag des Abreisetages noch ein paar Fotos machen wollte, kaufte ich eine billige Agfa Pocket Kamera, mit der ich die in diesem Bericht enthaltenen Fotos gemacht habe. Die Qualität der Bilder ist entsprechend schlecht.

Vor einiger Zeit las ich das Buch „Am Ende bleiben die Zedern" von Pierre Jarawan, in dem auch das Carlton Hotel eine Rolle spielt. Daraufhin sandte ich dem Autor diesen Bericht, und er antwortete mir, dass er mit jemandem gesprochen habe, der dort angestellt war und der mich möglicherweise damals sogar bedient haben könnte. Die Welt ist klein.

Meine Hotelrechnung betrug 131,50 Libanesische Lira, damals umgerechnet ca. DM 116,00. Die libanesische Währung war damals, trotz Bürgerkriegs, noch etwas wert. Heute ist der Gegenwert dieses Betrages weniger als ein halber Cent.

Inzwischen ist die ganze Familie, Tochter, Schwiegersohn, Enkel und Enkelin und eine jetzt schon erwachsene Urenkelin und drei Urenkel in Europa. Sie sind glücklicherweise dem Chaos der letzten Jahre entkommen.

Die Verhältnisse im Libanon haben sich von schlimm zu chaotisch entwickelt, und die Aussicht, dass in absehbarer Zeit wieder eine einigermaßen normale Lage in diesem wunderschönen Land einkehren könnte, wird schwächer und schwächer.

Der Bürgerkrieg fand zwar 1990 nach fünfzehn Jahren ein Ende, aber danach haben kriminelle und korrupte „Eliten", das Land in den Abgrund gewirtschaftet.

Emmys Vater

Eine Verwandte von mir, Emmy, verstarb vor einigen Jahren. Sie hatte mich, gemeinsam mit einem anderen ihrer Verwandten, zum Testamentsvollstrecker bestimmt. Wir hatten daher die Aufgabe, für die im Testament angegebenen Erben den Nachlass aufzulösen und u.a. auch ihr Haus zu verkaufen. Die Käufer des Hauses waren ein junges Ehepaar mit zwei Kindern. Kurze Zeit nachdem das Haus verkauft war, sprach mich die Käuferin an und fragte mich, ob es zutreffend sei, dass in dem Haus ein Selbstmord geschehen sei. Eine Frau aus der Nachbarschaft habe ihr dies erzählt.

Ich fragte sie daraufhin, ob die Nachbarin ihr auch die Umstände des Suizids geschildert habe. Dies verneinte sie. Deshalb schilderte ich sie ihr, so, wie ich es von meiner Verwandten erfahren hatte, da es um sich um den Tod ihres Vaters handelte.

Ihr Vater hatte im Winter 1940/41 abends beim Wein in einer Runde von Freunden und Bekannten Witze über Adolf Hitler erzählt. Einige Zeit danach wurde er von einem anderen Freund oder Bekannten aufgesucht, der höherrangiger Nationalsozialist in Bremen war. Von dieser Bekanntschaft oder Freundschaft weiß ich nicht, wie eng sie war, und ob die beiden sich geduzt oder gesiezt haben. Auf jeden Fall war es wohl so, dass dieser Mann es gut mit Emmys Vater meinte und ihm sagte, dass er wegen des Erzählens von „Führerwitzen", wie sie damals genannt wurden, denunziert worden sei, und dass die Gestapo in Bremen ihn habe vorladen und verhören wollen. Ihm sei es mit Mühe gelungen, dies zu verhindern. Er solle aber bitte in Zukunft vorsichtiger sein und keine „Führerwitze" mehr erzählen. Ein zweites Mal könne er ihm nicht mehr helfen.

Emmys Vater konnte aber seiner Neigung, Witze zu erzählen, nicht widerstehen und war weiterhin sehr unvorsichtig. Er erzählte im Freundes- oder Nachbarschaftskreis bei anderer Gelegenheit wieder Witze über Adolf Hitler. Erneut war er denunziert worden und erhielt im Frühjahr 1941 von der Gestapo in Berlin eine Vorladung und sollte an einem bestimmten Tag im März in Berlin vernommen werden. Er wusste natürlich, dass das für ihn nicht gut ausgehen würde, und Anfang März nahm er sich das Leben. Er erschoss sich in der oberen Etage seines Hauses.

Nachdem ich der Käuferin des Hauses diese Geschichte erzählt hatte, war sie beruhigt. Sie konnte mit dieser Geschichte etwas anfangen, konnte damit umgehen. Die Umstände waren politischer Art während der Zeit des Nationalsozialismus und die Tat war verständlich und konnte in gewisser Weise als Haltung des Widerstandes, oder zumindest der kritischen Distanz zum Naziregime verstanden werden. Nur der Dummschwatz der Nachbarin verursachte verständnisloses Kopfschütteln. Über das Motiv der dummschwätzerischen Nachbarin nachzudenken, den neuen Hauseigentümern diese uralte Geschichte zu erzählen, lohnt sich wahrscheinlich nicht. Man kann nur spekulieren, dass sie aus irgendeinem Grund erreichen wollte, dass die neuen Besitzer sich in ihrem neuen Zuhause nicht wohlfühlen.

Wer damals der Denunziant war, war Emmy und ihrer Familie nicht bekannt. Falls Emmys Vater es wusste oder vermutet hat, hat er sein Wissen oder die Vermutung mit ins Grab genommen.

Dass über die Umstände des Todes in den verbleibenden vier Jahren der Naziherrschaft in der Familie und in der Verwandtschaft nicht gesprochen wurde, ist verständlich. Doch auch in den Jahren danach ist es nie Gesprächsthema gewesen.

Schiras

Als Mitglied einer kleinen Reisegruppe von nur acht Teil-
nehmerinnen und Teilnehmern besuchte ich auf einer Iranreise
im Herbst 2015 als Erstes Schiras, die Stadt der Rosen und
Nachtigallen und der Dichter. Wir besichtigten die Nasir-ul-
Molk-Moschee, den Naranjestan-Garten, das Mausoleum des
Dichters Saadi und einige andere Sehenswürdigkeiten.

Der Höhepunkt aber war für mich der Besuch des Mauso-
leums des Dichters Hafis (Muhammed Schems-eddīn Hāfis, ca.
1325 bis 1390), berühmt für seine Ghaselen.

Dieses Mausoleum mit dem ihn umgebenden großen Park ist ein eindrucksvolles Zeichen der Verehrung der Iraner für ihren großen Dichter, der in seinen Ghaselen die Liebe und den Wein als mystisches Gottesgeschenk besang, und dessen Dichtkunst und Freiheit des Denkens von Goethe zutiefst bewundert wurde, und dem er in seinem West-östlichen Diwan ein literarisches Denkmal setzte.

Die Verehrung der Iraner wurde uns als Besuchern besonders deutlich durch einen jungen Mann, der mit großer Hingabe und Begeisterung am Fußende des Sarkophags Ghaselen von Hafis deklamierte, und dem eine größere Zahl von Umstehenden still und andächtig zuhörte.

Leider reichten meine paar Persischbrocken nicht, seinen Vortrag zu verstehen. Ich musste mich nach meiner Heimkehr auf die genialen Übertragungen von Friedrich Rückert beschränken. Die mir absolut Liebste dieser Ghaselen ist die Folgende:

Komm Saubermann! Gesäubert ist der Spiegel dem Pokal
Betrachte säuberlich des Weins rubinglanzreinen Strahl:

Den Vogel Anka fängt so leicht kein Mensch; das Netz zieh ein!
Geblieben in dem Netze hier Wind nur allemal.

Genusses bare Münze nur nimm an! Selbst Adam kam
Vom Paradies weil dort die Lust ausging, zum Erdental.

Beim Wanderfest des Lebens leer ein Glas und zwei, und geh!
Das ist: begehre nicht Genuß beständig allzumal!

O Herz, die Jugend ging, du hast die Rose nicht gepflückt;
Mit gutem Namen schmücke nun den Scheitel alterskahl.

Ums Weltgeheimnis frage du bei Zechern in der Schenk',
Es ist nicht zu ertragen in der Frommen Betesaal.

An dieser Schwelle haben wir ein altes Dienstesrecht.
O Herr, wirf einen Gnadenblick auf deiner Diener Zahl!

Ein Diener des Pokals ist Hafis; geh Morgenwind,
Bring meinen Gruß der Dienstbarkeit dem Scheiche vom Pokal!

Diese Ghasele entspricht genau meinem Lebensgefühl. Ich kann mir nicht vorstellen, dass der junge Mann am Fußende des Sarkophags ausgerechnet dieses Gedicht oder eins der zahlreichen dieser Art von Hafis vorgetragen hat. Er hätte Denunziation und Verhaftung fürchten müssen. Die „Frommen" aus dem „Betesaal" hätten es ihm sehr verübelt. Bei aller Verehrung des Dichters werden Neuauflagen seiner Lyrik von Gedichten dieser Art „gesäubert". Die „Frommen" täuschen mit ihren Bärten Würde vor, die sie allen denjenigen nehmen, die die Frechheit haben, zu leben, ohne die „gottesstaatlich" vorgegebene Frömmigkeit zu heucheln.

Babak, unser persischer Reiseleiter berichtete, dass manche junge Paare ihre Hochzeitsreise nach Schiras machen, um das Mausoleum des Dichters zu besuchen, und er behauptete, dass die Bücher mit den Werken von Hafis häufiger in persischen Häusern zu finden sind als der Koran. Das ist natürlich nicht nachprüfbar und nicht beweisbar, aber allein die Behauptung ist ein Zeichen für die Verehrung, die dieser Dichter im Iran genießt. In vielen Städten des Iran sind Straßen und Plätze nach ihm benannt. Wenn er heute lebte und Ghaselen wie die obige schriebe, würde er verhaftet werden und ins Gefängnis kommen, und dennoch wagen es die herrschenden Mullahs nicht, Straßen und Plätze, die nach ihm benannt sind, umzubenennen.

Sehnsucht

Nicht mit Barken oder Dhauen

erreich ich meine Sehnsuchtsorte

daher muss ich schauen

dass ich ein Fahrzeug von der Sorte

des fliegenden Teppichs bekommen kann

für die Reise nach Schiras und Isfahan

und pilgern zu den Gräbern und den Stelen

der Dichter von Rosengarten und Ghaselen

und zum Meydan-e Naqsch-e Dschahan

in meiner Sehnsuchtsstadt Isfahan

Der Autor

Ernst Günther Weber

geboren 1936 in Hellerau bei Dresden, aufgewachsen in Bremen, lebte als Außenhandelskaufmann von 1956 bis 1971 in Baghdad, Irak. Dort in erster Ehe mit einer irakischen Christin verheiratet. Seit 1971 wieder in Bremen, in zweiter Ehe verheiratet.

Veröffentlichungen bisher: ein numismatisches, auch international beachtetes und zitiertes Werk: „Arabo-Sasanidische Drachmen" (2013, vergriffen) und zahlreiche Aufsätze über bis dahin unedierte islamische Münzen in numismatischen Fachzeitschriften.

Außerdem:

„Ansichten eines Zweiflers", Essay über Religion aus der Sicht eines Agnostikers (2021, Books on Demand, 184 Seiten.).
Paperback ISBN9783755736493
E-Book   ISBN9783755721956

„Mein Leben in Baghdad, Teil I: Die frühen Jahre (1956 – 1958)", (2022, Books on Demand,
76 Seiten, gebunden, Großformat, auf 200 g Fotobrillantpapier)
ISBN 9783756294107

„Orientalische Streiflichter", Prosatexte und Gedichte. Erinnerungen des Autors aus der Zeit seines Aufenthalts in Baghdad und Überlegungen, die ihre Wurzeln in diesen Erfahrungen haben
(2023, Books on Demand, 123 Seiten)
Paperback ISBN 9783738654103
E-Book   ISBN 9783757895617